PUR BEURRE DE CACAO · FÈVES SÉLECTIONNÉES ·

Les meilleures recettes Nestlé Dessert

Les meilleures recettes

Nestlé® dessert®

hachette
CUISINE

Sommaire

chocolat noir

chocolat corsé

chocolat au lait

chocolat blanc

chocolat caramel

chocolat praliné

chocolat café

Introduction

Un peu d'histoire

1971, année historique pour toutes les pâtissières adeptes du fait maison, grâce à la naissance de la première tablette de chocolat noir à pâtisser Nestlé Dessert. Dans son emballage original en kraft, cette délicieuse tablette devient tout de suite LA référence dans l'univers du chocolat à pâtisser.

Nouveau siècle, nouvelle dynamique : c'est en 2000 que la marque à l'image traditionnelle et rassurante fait des petits : Nestlé Dessert Corsé voit le jour, suivi de Nestlé Dessert Lait, Nestlé Dessert Blanc, Nestlé Dessert Caramel, Nestlé Dessert Praliné. Dernier né dans la famille : Nestlé Dessert Café, arrivé en mars 2012.

Les secrets de fabrication d'une recette unique

Pour faire des bons desserts, il faut du bon chocolat. La sélection des fèves est le premier gage de qualité d'un chocolat : les tablettes Nestlé Dessert sont préparées à partir d'un mélange de fèves de cacao sélectionnées en Afrique de l'Est et en Amérique du Sud pour leur richesse en arômes. Cela leur confère un goût unique.

La torréfaction des fèves est une autre étape clé. Celle de Nestlé Dessert est spécifique, car elle est adaptée à la qualité des fèves utilisées. C'est elle qui permet de garantir le développement des arômes subtils propres à chaque origine.

Le conchage, enfin, constitue un dernier temps fort dans la fabrication de Nestlé Dessert. Il s'agit du procédé d'affinage du chocolat. Cette étape dure plus d'une journée, quand d'autres n'y consacrent que quelques heures. C'est durant cette étape essentielle que la qualité et la spécificité du chocolat sont définies. C'est grâce à ce processus de fabrication unique que Nestlé Dessert offre un chocolat au goût et au fondant singuliers.

Naturellement savoureux

Les tablettes Nestlé Dessert sont produites à partir de fèves de cacao rigoureusement sélectionnées et d'ingrédients simples et savoureux pour une qualité irréprochable. 100% pur beurre de cacao, elles sont sans conservateurs, sans lécithine de soja, sans arômes ni colorants artificiels. En 2011, Nestlé Dessert a fêté ses 40 ans. À cette occasion, la marque a adapté ses recettes pour un résultat encore plus fondant et gourmand : la tablette incontournable Nestlé Dessert Noir et ses petites sœurs Corsé et Lait s'enrichissent d'extraits de vanille de Madagascar... De quoi ravir encore plus les papilles des petits et grands ! S'appuyant sur la qualité de ses produits et de son expertise, Nestlé Dessert offre un choix varié de saveurs avec des tablettes qui vous feront voyager dans un univers gourmand et convivial.

Bon appétit !

Chocolat noir

Mœlleux au chocolat

20 min de préparation · 25 min de cuisson · 10 portions

Votre marché

- 200 g de chocolat noir
- 4 cuillerées à soupe rases de farine
- 3 cuillerées à soupe de sucre en poudre
- 3 œufs
- 100 g de beurre
- 1/2 sachet de levure chimique

1 Préchauffez le four à 180°C (Th. 6).

2 Dans un saladier, faites fondre le beurre et le chocolat cassé en morceaux au four à micro-ondes 2 minutes à 500 W.

3 Séparez les blancs des jaunes d'œufs. Puis ajoutez les jaunes d'œufs, le sucre et la farine au chocolat fondu. Mélangez énergiquement. Incorporez la levure et mélangez à nouveau. Puis ajoutez délicatement les blancs d'œufs battus en neige.

4 Versez la préparation dans un moule à manqué beurré et enfournez 20 à 25 minutes.

Verrine exotique

20 min de préparation 5 min de cuisson 6 portions

Votre marché

- 150 g de chocolat noir
- 1 banane
- 6 fruits de la passion
- 400 g de mangue
- 2 kiwis
- 40 g de noix de coco râpée
- 150 ml de crème fleurette
- 30 g de sucre en poudre

1 Coupez les fruits de la passion en deux et retirez les graines.

2 Cassez le chocolat en morceaux dans un saladier. Faites chauffer la crème au four à micro-ondes 2 minutes à 500 W. Arrosez le chocolat de crème chaude et couvrez 5 minutes. Mélangez et placez dans un siphon. Dans chaque verrine, répartissez les kiwis, la banane et la mangue coupés en dés. Ajoutez les fruits de la passion.

3 Dans une poêle, faites chauffer le sucre à feu moyen. Dès que le caramel se forme, incorporez la noix de coco râpée. Mélangez et versez aussitôt sur une feuille de papier sulfurisé en réalisant 6 tuiles. Laissez refroidir.

4 Au moment de servir, ajoutez dans chaque coupe de la chantilly au chocolat et une tuile.

Fondant au chocolat sauce caramel

20 min de préparation 28 min de cuisson 10 portions

Votre marché

- 200 g de chocolat noir
- 100 g de chocolat caramel
- 80 g de farine
- 200 g de sucre en poudre
- 6 œufs
- 240 g de beurre
- 50 ml de crème liquide

1 Préchauffez votre four à 180°C (Th.6).

2 Dans un saladier, faites fondre le chocolat noir cassé en morceaux et le beurre au four à micro-ondes 2 minutes à 500 W.

3 Ajoutez le sucre, les œufs et la farine. Mélangez énergiquement.

4 Beurrez et farinez votre moule. Puis versez la préparation. Enfournez environ 28 minutes. À la sortie du four, le gâteau ne paraît pas assez cuit. C'est normal, laissez-le refroidir puis démoulez-le.

5 Faites chauffer la crème et versez-la sur le chocolat caramel cassé en petits morceaux. Servez chaque part de gâteau nappée de sauce tiède au caramel.

Brownies aux pistaches grillées

10 min de préparation 15 min de cuisson 10 portions

Votre marché

- 200 g de chocolat noir
- 100 g de de chocolat caramel
- 100 g de farine
- 160 g de sucre en poudre
- 70 g de pistaches non salées
- 30 g de noix de pécan
- 3 œufs
- 150 g de beurre

1 Dans une poêle, faites griller à feu vif les pistaches. Puis concassez-les grossièrement. Dans un saladier, faites fondre le beurre et le chocolat noir cassé en morceaux au four à micro-ondes 2 minutes à 500 W.

2 Ajoutez la farine, 120 g de sucre, les œufs et les pistaches concassées. Mélangez. Préchauffez votre four à 200°C (Th.7). Dans un moule carré beurré et fariné, versez la préparation puis enfournez 12 à 13 minutes.

3 Pendant ce temps, hachez les noix de pécan. Dans une poêle, faites chauffer les 40 g de sucre en poudre restants jusqu'à ce que vous obteniez du caramel. Incorporez les noix de pécan et versez sur une feuille de papier sulfurisé. Laissez refroidir et durcir. Puis concassez l'ensemble.

5 Faites chauffer le chocolat caramel avec 5 cuillerées à soupe d'eau 1 minute au four à micro-ondes à 500 W. Ajoutez les brisures de noix de pécan. Servez une part de brownie nappée de sauce.

Éclairs au chocolat

30 min de préparation 35 min de cuisson 8 portions

Votre marché

- 200 g de chocolat noir
- 100 g de farine
- 30 g de sucre en poudre
- 4 œufs
- 300 ml de lait
- 75 g de beurre
- 1 cuillerée à café bombée de fécule de maïs
- 1 cuillerée à café rase de sel

1 Préchauffez votre four à 180°C (Th.6).
Dans une casserole, faites fondre 170 g de chocolat avec un peu d'eau. Puis ajoutez 1 œuf et la fécule de maïs. Arrosez de 200 ml de lait et portez à ébullition en mélangeant. Laissez refroidir 1 heure.

2 Dans une autre casserole, mélangez 100 ml d'eau, 100 ml de lait, le sel, 1 cuillerée à café de sucre et le beurre. Portez à ébullition, puis incorporez la farine. Mélangez et laissez cuire à feu doux jusqu'à ce que la pâte se détache. Hors du feu, ajoutez un par un les 3 œufs restants. Constituez des éclairs de 5 cm de long et enfournez sur une plaque recouverte de papier sulfurisé environ 35 minutes. Attendez 5 minutes avant d'ouvrir la porte du four.

3 Ouvrez les éclairs et farcissez-les de crème. Faites fondre le reste du chocolat et utilisez-le pour décorer vos éclairs au chocolat avant de les servir.

Gâteau de pain d'épices

15 min de préparation 15 min de cuisson 8 portions

Votre marché

- 200 g de chocolat noir
- 120 g de pain d'épices
- 2 poires
- 40 g de farine
- 8 œufs
- 100 g de beurre
- 2 cuillerées à soupe d'amandes effilées

1 Préchauffez votre four à 200°C (Th.7). Mixez le pain d'épices. Dans un saladier, mélangez la farine, le beurre fondu et 4 œufs. Ajoutez la poudre de pain d'épices. Pelez et coupez les poires en fines lamelles.

2 Versez la préparation au pain d'épices dans un moule à manqué beurré et fariné. Parsemez de poires et enfournez 15 minutes. Laissez tiédir.

3 Pendant ce temps, préparez la mousse au chocolat en faisant fondre le chocolat noir cassé en morceaux. Séparez les blancs des jaunes des 4 œufs restants. Puis versez le chocolat fondu sur les jaunes d'œufs, mélangez et incorporez délicatementles 4 blancs d'œufs battus en neige.

4 Démoulez le gâteau et tapissez le moule de film alimentaire. Disposez le gâteau dans le moule. Versez la mousse et placez au réfrigérateur au moins 1 heure. Saupoudrez d'amandes effilées grillées juste avant de servir.

Tarte coco choco ananas

20 min de préparation — 26 min de cuisson — 4 portions

Votre marché

- 1 ananas
- 200 g de chocolat noir
- 100 g de noix de coco râpée
- 100 ml de lait de coco
- 50 g de sucre en poudre
- 2 jaunes d'œufs et 1 œuf entier
- 100 ml de crème liquide
- 1 pâte sablée

1 Préchauffez votre four à 180°C (Th.6). Étalez la pâte sablée dans un moule à tarte en laissant la feuille de cuisson. Faites fondre le chocolat noir et versez-le sur le fond de tarte. Placez au réfrigérateur 30 minutes.

2 Dans un saladier, mélangez les jaunes d'œufs, l'œuf entier, le lait de coco, le sucre en poudre, la crème fraîche et la noix de coco. Versez cette préparation sur le chocolat et enfournez 30 minutes.

3 Pendant ce temps, faites légèrement caraméliser l'ananas coupé en petits dés dans une poêle. Puis disposez-le sur la tarte à sa sortie du four. Laissez tiédir avant de servir.

Flan au chocolat

10 min de préparation 26 min de cuisson 8 portions

Votre marché

- 200 g de chocolat noir
- 40 g de farine
- 60 g de sucre en poudre
- 4 œufs
- 400 ml de lait
- 150 ml de crème liquide

1 Préchauffez votre four à 160°C (Th.5). Dans une casserole, faites chauffer le lait, la crème et le chocolat cassé en morceaux. Mélangez.

2 Dans un saladier, battez les œufs, la farine et le sucre en poudre. Ajoutez le lait chocolaté. Laissez épaissir sur feu doux.

3 Versez la préparation dans un moule à manqué et enfournez 26 minutes. Placez au réfrigérateur au moins 2 heures avant de servir.

Crème brûlée au chocolat

10 min de préparation 25 min de cuisson 6 portions

Votre marché

- 200 g de chocolat noir
- 4 jaunes d'œufs
- 150 ml de lait
- 100 ml de crème liquide
- 10 g de sucre en poudre

1 Préchauffez votre four à 160°C (Th.5).

2 Dans un saladier, cassez le chocolat en morceaux. Versez dessus la crème et le lait. Puis couvrez et faites chauffer 2 minutes au four à micro-ondes à 850 W. Mélangez.

3 Battez les jaunes d'œufs dans un autre saladier et incorporez petit à petit la crème chocolatée.

4 Répartissez la préparation au chocolat dans des petits plats à gratins individuels. Enfournez 16 minutes.

5 Laissez tiédir puis placez au réfrigérateur 1 heure.

6 Juste avant de servir, préchauffez votre four en position gril. Saupoudrez les crèmes brûlées de sucre et placez-les 5 à 6 minutes sous le gril de votre four. Servez aussitôt.

Gâteau et mousse bananes-kiwis

40 min de préparation 20 min de cuisson 8 portions

Votre marché

- 200 g de chocolat noir
- 4 kiwis
- 2 bananes
- 1 cuillerée à soupe de jus de citron
- 50 g de farine
- 90 g de sucre en poudre
- 10 cl de crème fleurette
- 4 œufs
- 2 feuilles de gélatine
- 80 g de beurre

1 Dans un bol d'eau froide, laissez ramollir la gélatine. Puis dissolvez-la dans une casserole à feu doux avec 2 cuillerées à soupe d'eau. Épluchez les bananes et mixez-les jusqu'à obtenir une purée. Ajoutez le jus de citron et la gélatine fondue.

2 Dans un saladier, battez la crème en chantilly, ajoutez 10 g de sucre et incorporez délicatement la chantilly à la purée de bananes. Placez la mousse 1 heure au réfrigérateur.

3 Préchauffez votre four à 150°C (Th. 5). Dans un saladier, mélangez le reste de sucre aux œufs puis ajoutez la farine. Faites fondre le chocolat avec le beurre et incorporez-le à la préparation. Versez dans un moule à manqué recouvert de papier sulfurisé et enfournez 15 minutes. Laissez refroidir votre gâteau, puis démoulez-le.

4 Répartissez la mousse à la banane sur le gâteau. Puis disposez les kiwis épluchés et coupés en fines lamelles. Placez 30 minutes au réfrigérateur. Sortez le gâteau 10 minutes avant de le servir.

Chocolat corsé

Cœurs fondants tout chocolat

10 min de préparation — 15 min de cuisson — 4 portions

Votre marché

- 100 g + 8 carrés de chocolat noir corsé
- 1 cuillerée à soupe + 1 cuillerée à café de farine
- 80 g de sucre en poudre
- 3 œufs
- 50 g de beurre

1 Préchauffez votre four à 240°C (Th. 8).

2 Faites fondre les 100 g de chocolat au bain-marie avec le beurre.

3 Dans un saladier, mélangez les œufs entiers et le sucre. Ajoutez petit à petit la farine. Puis incorporez le chocolat et mélangez énergiquement.

4 Beurrez et farinez vos ramequins.
Versez un tiers de la préparation dans le fond des ramequins. Déposez 2 carrés de chocolat dans chaque ramequin puis recouvrez-les avec le reste de la préparation.

5 Enfournez les ramequins environ 10 minutes. Laissez les cœurs au chocolat corsé tiédir avant de les servir, démoulés ou non.

Mousse et spéculoos

10 min de préparation — 6 portions

Votre marché

- 200 g de chocolat noir corsé
- 6 œufs
- 6 biscuits spéculoos

1 Faites fondre le chocolat cassé en morceaux au bain-marie (ou au four à micro-ondes 2 minutes à 500 W). Versez-le dans un saladier. Laissez refroidir à température ambiante avant d'ajouter les jaunes d'œufs.

2 Battez les blancs d'œufs en neige ferme à l'aide d'un batteur électrique.

3 Incorporez un quart des blancs dans le chocolat fondu en mélangeant énergiquement à l'aide d'une spatule. Incorporez ensuite le reste des blancs en mélangeant délicatement.

4 Placez au réfrigérateur au moins 3 heures dans des coupelles. Au moment de servir, saupoudrez de spéculoos émiettés.

Cup Cakes orange, chocolat et menthe

20 min de préparation 14 min de cuisson 8 portions

Votre marché

- 200 g de chocolat noir corsé
- 1 orange
- 10 feuilles de menthe
- 100 g de farine
- 80 g de sucre en poudre
- 40 g de sucre glace
- 3 œufs
- ½ sachet de levure chimique
- 100 g de beurre

1 Préchauffez votre four à 180°C (Th.6). Râpez le zeste de l'orange.

2 Faites fondre 150 g de chocolat au four à micro-ondes avec le beurre. Ajoutez les œufs, le sucre en poudre et la farine. Fouettez, puis incorporez la levure et le reste de chocolat cassé en petits morceaux. Mélangez afin d'obtenir une pâte homogène.

3 Versez dans des moules à muffins en remplissant aux deux tiers.

4 Enfournez 14 minutes. Pendant ce temps, faites infuser la menthe dans 1 cuillerée à soupe de jus d'orange chaud. Tamisez le jus pour retirer la menthe. Puis ajoutez le zeste d'orange, le sucre glace et 1 cuillerée à café d'eau. Nappez les cup cakes de cette préparation et placez-les 10 minutes au réfrigérateur.

Fine amandine poires et chocolat

15 min de préparation 15 min de cuisson 4 portions

Votre marché

- 100 g de chocolat corsé
- 2 poires
- 1 cuillerée à soupe de sucre en poudre
- 1 œuf
- 2 cuillerées à soupe de poudre d'amandes
- 30 g de beurre
- 1 pâte feuilletée

1 Préchauffez votre four à 220°C (Th.8).

2 Découpez quatre cercles dans la pâte feuilletée en conservant la feuille de cuisson. Dans un saladier, mélangez la poudre d'amandes, le chocolat fondu, le beurre ramolli et le sucre en poudre. Puis, ajoutez l'œuf.

3 Versez la préparation sur les cercles de pâte à 1 cm du bord. Disposez une demi-poire pelée et coupée en fines lamelles sur chaque amandine. Puis enfournez 15 minutes en bas de votre four.

Tarte à l'orange et mousse au chocolat

20 min de préparation 12 min de cuisson 8 portions

Votre marché

- 200 g chocolat noir corsé
- 4 oranges
- 80 g de sucre en poudre
- 6 œufs
- 30 g de beurre
- 1 cuillerée à soupe de fécule
- 1 pâte sablée

1 Préchauffez votre four à 220°C (Th.7/8).

2 Étalez la pâte sablée dans un moule à tarte et enfournez 10 minutes. Puis retirez le moule du four et laissez tiédir.

3 Dans une casserole, mélangez 2 œufs, le sucre, le zeste de 2 oranges, le jus des oranges et le beurre coupé en morceaux. Ajoutez la fécule.

4 Laissez épaissir sur feu doux sans cesser de mélanger et retirez du feu juste avant l'ébullition. Laissez refroidir.

5 Répartissez la crème sur le fond de tarte et placez au réfrigérateur au moins 1 heure.

6 Pendant ce temps, préparez la mousse en faisant fondre le chocolat au bain-marie. Versez le chocolat fondu dans un saladier. Ajoutez les jaunes des 4 œufs restants puis les blancs battus en neige. Placez 2 heures au réfrigérateur. Recouvrez la tarte de mousse avec une poche à douilles et servez aussitôt.

Chocolat au lait

Gâteau marbré au chocolat au lait

15 min de préparation 40 min de cuisson 8 portions

Votre marché

- 200 g chocolat au lait
- 140 g de farine
- 70 g de sucre en poudre
- 1 sachet de sucre vanillé
- 5 œufs
- 100 g de beurre
- 1 pincée de sel

1 Préchauffez le four à 180°C (Th. 6). Cassez le chocolat en petits morceaux et faites-le fondre au micro-ondes 1 minute à 500 W avec 2 cuillerées à soupe d'eau.

2 Séparez les jaunes des blancs des œufs. Dans un saladier, fouettez les jaunes avec le sucre jusqu'à ce que le mélange blanchisse.

3 Faites fondre le beurre dans une petite casserole sur feu doux et ajoutez-le au mélange jaunes d'œufs/sucre. Incorporez la farine.

4 Dans un saladier, battez les blancs d'œufs en neige ferme avec une pincée de sel et incorporez-les délicatement à la préparation.

5 Séparez la pâte en deux. Ajoutez le chocolat fondu dans une moitié et le sachet de sucre vanillé dans l'autre moitié. Versez les deux pâtes en les alternant dans un moule à cake beurré et fariné.

6 Enfournez environ 40 minutes. Le gâteau piqué au centre doit être très moelleux. Démoulez-le et laissez-le refroidir sur une grille avant de servir.

Cookies chocolat-noisettes

10 min de préparation 8 min de cuisson 10 portions

Votre marché

- 170 g de chocolat au lait
- 50 g de noisettes entières
- 100 g de farine
- 75 g de sucre en poudre
- 50 g de poudre d'amandes
- 1 œuf
- 5 g de levure chimique
- 70 g de beurre

1 Préchauffez votre four à 200°C (Th.7). Hachez grossièrement les noisettes.

2 Dans un saladier, mélangez le beurre ramolli, le sucre, l'œuf, la farine, la levure et la poudre d'amandes. Ajoutez le chocolat coupé en petits morceaux avec un couteau.

3 Sur la plaque de votre four recouverte de papier sulfurisé, disposez des petits tas de pâte. Parsemez-les de noisettes.

4 Enfournez 8 minutes. Faites une deuxième fournée si nécessaire !

Soufflés au chocolat

20 min de préparation 12 min de cuisson 6 portions

Votre marché

- 170 g de chocolat au lait
- 2 œufs entiers + 1 blanc d'œuf
- 150 ml de lait
- 40 g de sucre glace
- 10 g de fécule de maïs
- 1 noix de beurre

1 Préchauffez votre four à 180°C (Th. 6).

2 Coupez 30 g de chocolat en petits morceaux. Faites fondre le reste du chocolat au lait dans un saladier 2 minutes au micro-ondes à 500 W.

3 Dans une casserole, faites bouillir le lait avec la fécule de maïs puis ajoutez-le au chocolat fondu. Versez cette préparation sur le mélange jaunes d'œufs/sucre. Laissez refroidir.

4 Battez les blancs d'œufs en neige et incorporez-les délicatement à la préparation. Ajoutez les morceaux de chocolat.

5 Versez la préparation dans des ramequins beurrés et enfournez 12 minutes.

Muffins chocolat, poires et noisettes

10 min de préparation · 15 min de cuisson · 12 portions

Votre marché

- 170 g de chocolat au lait
- 2 petites poires
- 50 g de noisettes
- 100 g de farine
- 80 g de sucre en poudre
- 3 œufs
- 100 g de beurre
- 1/2 sachet de levure chimique

1 Préchauffez le four à 220°C (Th.8). Concassez les noisettes et faites-les griller dans une poêle à feu vif.

2 Dans un saladier, faites fondre le chocolat avec le beurre au four à micro-ondes 2 minutes à 500 W.

3 Ajoutez les œufs, le sucre, la farine, la levure, les noisettes, puis les poires épluchées et coupées en petits dés. Mélangez.

4 Versez la préparation dans des moules à muffins beurrés et remplis aux deux tiers. Enfournez 15 minutes.

Milk shake chocolat-bananes

20 min de préparation

6 portions

Votre marché

- 170 g de chocolat au lait
- 2 bananes
- 300 ml de lait
- 2 boules de glaces vanille

1 Faites fondre le chocolat dans le lait au four à micro-ondes 2 minutes à 500 W. Pelez et coupez les bananes en morceaux.

2 Mixez ensemble le lait chocolaté, la glace vanille et les bananes. Servez aussitôt.

Chocolat blanc

Verrines fraises et chocolat blanc

20 min de préparation 5 min de cuisson 6 portions

Votre marché

- 180 g de chocolat blanc
- 400 g de fraises
- 200 ml de crème fleurette
- 6 feuilles de menthe

1 Versez la crème dans un saladier et placez-le au moins 1 heure au réfrigérateur.

2 Faites fondre le chocolat cassé en morceaux au bain-marie. Puis versez-le dans un saladier et laissez-le tiédir 1 à 2 minutes.

3 Battez la crème froide en chantilly ferme avec un batteur électrique.

4 Ajoutez la moitié de la chantilly au chocolat. Puis mélangez jusqu'à l'obtention d'une mousse homogène. Incorporez délicatement le reste de la chantilly.

5 Répartissez la mousse dans des petites tasses transparentes ou des verrines et placez-les une nuit au réfrigérateur.

6 Le lendemain, répartissez les fraises lavées et coupées en petits dés sur les mousses. Décorez chaque verrine d'une feuille de menthe ciselée avant de servir.

Macarons au chocolat blanc

25 min de préparation 35 min de cuisson 4 portions

Votre marché

- 180 g de chocolat blanc
- 200 g de framboises
- 30 g de farine
- 70 g de sucre en poudre
- 110 g de poudre d'amandes
- 3 gros blancs d'œufs (125g) + 1 œuf entier
- 250 ml de lait

1 Préchauffez votre four à 150°C (Th. 5). Dans un saladier, battez les blancs d'œufs en neige ferme en incorporant petit à petit 50 g de sucre en poudre.

2 Mélangez délicatement les blancs à la poudre d'amandes tamisée jusqu'à ce que la préparation soit lisse. Puis, sur deux plaques de cuisson recouvertes de papier sulfurisé, dressez à l'aide d'une poche à douille 8 macarons de 8 cm de diamètre. Laissez-les reposer à température ambiante pendant 30 minutes, puis enfournez 35 minutes en milieu de four.

3 Dans un saladier, mélangez 10 g de sucre et l'œuf entier. Incorporez la farine et le lait chaud. Versez la préparation dans une casserole et faites chauffer sur feu doux en mélangeant jusqu'à épaississement. Ajoutez 150 g de chocolat blanc cassé en morceaux et laissez refroidir 1 heure au réfrigérateur. Pendant ce temps, mixez les framboises lavées et le reste de sucre. Réservez.

4 Répartissez la crème pâtissière au chocolat sur la face non lisse d'un macaron puis recouvrez avec un autre biscuit. Décorez avec des copeaux de chocolat blanc et servez avec le coulis de framboises.

Charlotte glacée coco framboises

20 min de préparation 2 min de cuisson 10 portions

Votre marché

- 180 g de chocolat blanc
- 20 biscuits à la cuillère
- 300 g de framboises
- 60 g de sucre en poudre
- 80 g de noix de coco râpée
- 200 ml de lait de coco
- 250 g de fromage blanc

1 Coupez les biscuits à la cuillère aux deux tiers et gardez les chutes.Tapissez un moule à manqué de film alimentaire transparent et déposez les biscuits à la cuillère imbibés légèrement d'eau. Utilisez les chutes pour le fond du moule et les grandes parties des biscuits pour les côtés, en plaçant le côté arrondi vers le haut.

2 Dans un saladier, faites fondre le chocolat avec le lait de coco au four à micro-ondes 2 minutes à 500 W. Ajoutez la noix de coco râpée, le fromage blanc et le sucre en poudre. Versez dans le moule et placez au congélateur 2 heures.

3 Sortez la charlotte du congélateur 10 minutes avant de servir. Démoulez et disposez les framboises lavées sur le dessus du gâteau avant de le servir.

Gâteau framboises et pistaches

30 min de préparation 10 min de cuisson 10 portions

Votre marché

- 360 g de chocolat blanc
- 500 g de framboises
- 125 g de pistaches non salées
- 100 g de farine
- 125 g de sucre en poudre
- 1 cuillerée à café rase de levure chimique
- 4 œufs
- 300 ml de crème fleurette bien froide
- 125 g de crêpes dentelles
- 60 g de beurre

1 Préchauffez votre four à 180°C (Th.6). Séparez les blancs des jaunes d'œufs. Dans un saladier, fouettez le beurre fondu, le sucre et les jaunes d'œufs. Puis ajoutez la farine et la levure. Mélangez énergiquement.

2 Incorporez délicatement les blancs d'œufs battus en neige à la préparation et versez-la sur une plaque de cuisson beurrée et farinée. Enfournez 10 minutes. Pendant ce temps mixez les crêpes et les pistaches. Ajoutez 90 g de chocolat blanc fondu et mixez à nouveau. Réservez.

3 Démoulez le biscuit sur une planche et laissez-le refroidir. Découpez un cercle de la taille de votre moule à manqué. Puis disposez le biscuit au fond du moule tapissé de film alimentaire. Étalez la pâte de pistaches et saupoudrez de framboises lavées.

4 Dans un saladier, fouettez la crème puis incorporez délicatement le reste du chocolat blanc fondu. Versez cette préparation sur le gâteau et placez au réfrigérateur au moins 3 heures. Sortez-le 20 minutes avant de servir.

Roulé aux framboises

20 min de préparation — 10 min de cuisson — 8 portions

Votre marché

- 180 g de chocolat blanc
- 200 g de framboises
- 80 g de pistaches non salées
- 110 g de farine
- 130 g de sucre en poudre
- 7 œufs
- 250 ml de lait
- 2 cuillerées à soupe de fécule de maïs
- 50 g de beurre

1 Préchauffez votre four à 220°C (Th.7/8). Faites fondre le chocolat avec le lait et versez, dans une casserole, sur le mélange 2 œufs battus et fécule. Portez à ébullition en mélangeant. Laissez refroidir, puis ajoutez les framboises. Réservez.

2 Préparez le biscuit roulé en mélangeant, dans un saladier, le beurre fondu, la farine, 40 g de pistaches mixées. Ajoutez les 5 jaunes d'œufs et 100 g de sucre. Mélangez, puis incorporez délicatement les 5 blancs d'œufs battus en neige.

3 Versez la préparation sur une plaque de cuisson beurrée et farinée sur environ 2 cm d'épaisseur et enfournez 10 minutes. Démoulez le biscuit sur un torchon humide et roulez-le aussitôt. Réservez.

4 Dans une casserole, faites caraméliser les 30 g de sucre restants avec les pistaches grossièrement hachées. Versez le caramel sur une feuille de papier sulfurisé et concassez. Déroulez le biscuit et garnissez-le de crème au chocolat blanc et aux framboises. Roulez le biscuit garni et décorez-le de pistaches caramélisées avant de le servir.

Chocolat caramel

Cheese cake agrumes et chocolat

30 min de préparation 40 min de cuisson 10 portions

Votre marché

- 170 g de chocolat caramel
- 1 orange
- 1 citron
- 1 banane
- 12 sablés bretons
- 50 g de farine
- 2 cuillerées à soupe de sucre en poudre
- 3 œufs
- 400 g de fromage blanc battu à 20% de MG
- 100 ml de crème liquide
- 70 g de beurre

1 Tapissez un moule à fond amovible des biscuits émiettés mélangés au beurre fondu et placez-le 1 heure au réfrigérateur.

2 Préchauffez votre four à 160°C (Th.6). Dans un saladier, mélangez le fromage blanc, la farine, le sucre, les jaunes d'œufs et le zeste des agrumes râpé.

3 Battez les blancs d'œufs en neige et incorporez-les délicatement à la préparation. Versez dans le moule, sur les biscuits et enfournez 40 minutes.

4 Laissez refroidir. Pendant ce temps, préparez la ganache en faisant chauffer la crème fraîche au four à micro-ondes. Versez-la sur le chocolat cassé en morceaux dans un saladier. Mélangez.

6 Disposez sur le gâteau des petits dés de banane et versez la ganache au chocolat. Placez au réfrigérateur 2 heures avant de démouler et de servir.

Terrine orange, passion et caramel

40 min de préparation 15 min de cuisson 10 portions

Votre marché

- 170 g de chocolat caramel
- 180 g de chocolat blanc
- 5 oranges
- 3 fruits de la passion
- 120 g de farine
- 120 g de sucre en poudre
- 4 œufs
- 300 g de fromage blanc à 20% de MG
- 100 ml de crème liquide
- 4 feuilles de gélatine
- 1 pincée de sel

1 Préchauffez le four à 180°C (Th. 6). Dans un saladier, battez les œufs et le sucre. Ajoutez la farine tamisée et le sel, puis remuez délicatement. Versez la préparation sur une plaque de cuisson recouverte de papier sulfurisé et enfournez 15 minutes.

2 Démoulez le biscuit et découpez 3 larges bandes de la taille d'un grand moule à cake. Réservez.

3 Dans une casserole à feu doux, faites fondre la gélatine ramollie avec le jus de 2 oranges. Ajoutez le chocolat blanc fondu, le fromage blanc et les graines des fruits de la passion.

4 Tapissez un moule à cake de papier sulfurisé, ajoutez un biscuit, les quartiers des 3 oranges restantes pelées à vif puis la préparation au chocolat blanc. Recouvrez d'une bande de biscuit et placez au réfrigérateur 1 heure.

5 Sortez la terrine du réfrigérateur, puis versez le chocolat caramel cassé en morceaux et mélangé à la crème chaude. Disposez le dernier biscuit et placez à nouveau au réfrigérateur pendant 1 heure. Démoulez et décorez de copeaux de chocolat avant de servir.

Gâteau rose et mousse au chocolat caramel

20 min de préparation · 12 min de cuisson · 10 portions

Votre marché

- 170 g de chocolat caramel
- 14 biscuits roses de Reims
- 120 g de farine
- 120 g de sucre en poudre
- 8 œufs
- 100 ml de crème fleurette
- 40 g de beurre

1 Préchauffez votre four à 180°C (Th.6).

2 Dans un saladier, battez 4 œufs et le sucre jusqu'à ce que le mélange double de volume. Ajoutez la farine et 2 biscuits roses cassés en morceaux. Mélangez et versez sur une plaque de cuisson beurrée et farinée. Enfournez 12 minutes.

3 Faites fondre le chocolat avec le beurre. Puis versez-le sur les 4 jaunes d'œufs restants. Mélangez et ajoutez 4 blancs d'œufs battus en neige.

4 Coupez la génoise en deux morceaux de la même taille que votre moule à gratin. Placez un morceau de génoise au fond de votre moule recouvert de film alimentaire et versez la mousse. Puis placez le gâteau au réfrigérateur pendant 2 heures.

5 Dans un saladier, mixez 10 biscuits roses et incorporez la crème battue en chantilly. Sortez le gâteau et disposez le deuxième morceau de génoise. Versez la mousse aux biscuits roses (à l'aide d'une poche à douilles si vous en avez une) et placez au réfrigérateur encore 1 heure. Recouvrez des 2 biscuits roses restants émiettés avant de servir.

Succès pistaches au caramel beurre salé

30 min de préparation 50 min de cuisson 8 portions

Votre marché

- 170 g de chocolat caramel
- 10 g de cacao en poudre
- 30 g de pistaches
- 60 g de poudre d'amandes
- 150 g de sucre glace + 10 g pour le saupoudrage
- 3 blancs d'œufs + 4 œufs entiers
- 40 g de beurre salé

1 Réalisez la meringue en battant dans un saladier 3 blancs d'œufs en neige. Ajoutez le sucre glace tamisé, la poudre d'amandes, puis les pistaches finement concassées.

2 Préchauffez votre four à 150°C (Th. 5). Sur deux grandes feuilles de papier sulfurisé, tracez 2 ronds de la taille de votre moule à manqué. Retournez les feuilles et remplissez les cercles de meringue. Saupoudrez les meringues de sucre glace et enfournez-les l'une au dessus de l'autre sur 2 plaques de cuisson 50 minutes. Sortez les meringues du four, puis laissez-les refroidir sur grille.

3 Dans un saladier, réalisez la mousse au chocolat caramel en mélangeant le chocolat fondu avec le beurre salé. Ajoutez les 4 jaunes d'œufs. Puis incorporez délicatement les 4 blancs d'œufs battus en neige ferme.

4 Déposez au fond du moule à manqué recouvert de film alimentaire une meringue. Ajoutez la mousse au chocolat et surmontez l'ensemble de la deuxième meringue. Placez au réfrigérateur pendant 3 heures, puis saupoudrez de cacao avant de servir.

Gâteau d'anniversaire

40 min de préparation 25 min de cuisson 8 portions

Votre marché

- 200 g de chocolat noir
- 80 g de chocolat blanc
- 100 g de chocolat caramel
- 120 g de farine
- 120 g de sucre en poudre
- 1 cuillerée à café de sucre glace
- 50 g de crêpes dentelles
- 8 œufs
- 10 g de beurre
- 1 pincée de sel
- 3 fraises bonbons /Vermicelles de couleur...

1 Préchauffez le four à 180°C (Th. 6). Dans un saladier, mélangez 150 g de chocolat noir fondu, 4 jaunes d'œufs et 4 blancs d'œufs battus en neige. Placez au réfrigérateur 1 heure. Pendant ce temps, mélangez, dans un autre saladier, 50 g de chocolat noir fondu et les crêpes dentelles émiettées. Versez la préparation sur une feuille de papier sulfurisé et placez au réfrigérateur 30 minutes.

2 Battez les 4 œufs restants et le sucre en poudre jusqu'à ce que le mélange soit bien mousseux. Puis ajoutez la farine tamisée, le sel et remuez délicatement. Coulez la pâte dans un moule à biscuit roulé et enfournez 15 minutes.

3 Démoulez le biscuit et coupez-le en deux. Déposez un biscuit dans un plat rectangulaire recouvert de film alimentaire puis versez la mousse et parsemez de croustillant au chocolat avant de placer le second biscuit.

4 Dans un saladier, mélangez le chocolat caramel fondu et le beurre. Incorporez petit à petit le sucre glace. Versez la préparation sur le gâteau et placez 1 heure au réfrigérateur.

5 Versez le chocolat blanc fondu dans une poche à douilles et réalisez 8 figures sur une feuille de papier sulfurisé. Ajoutez sur une moitié des morceaux de fraises et sur l'autre des vermicelles. Placez 30 minutes au réfrigérateur et disposez les figures sur le gâteau avant de servir.

Chocolat praliné

Pâte à tartiner pralinée et pancakes

15 min de préparation 2 min de cuisson 8 portions

Votre marché

- 170 g de chocolat praliné
- 170 g de farine
- 40 g de sucre en poudre
- 2 œufs
- 100 ml de crème liquide
- 150 ml de lait
- 20 g de beurre
- 4 g de levure
- 1 cuillerée à café d'huile de cuisson

1 Dans un saladier, faites fondre le chocolat cassé en morceaux et la crème 2 minutes au four à micro-ondes à 500 W. Ajoutez le beurre et mélangez.

2 Placez le saladier au réfrigérateur au moins 3 heures afin que la pâte à tartiner se solidifie.

3 Pendant ce temps, préparez les pancakes en mélangeant la farine, les jaunes d'œufs, le lait et le sucre en poudre. Puis incorporez la levure et les blancs d'œufs battus en neige. Faites cuire les pancakes 1 minute de chaque côté dans une poêle légèrement huilée. Servez-les accompagnés de pâte à tartiner.

Fondant praliné

15 min de préparation 22 min de cuisson 8 portions

Votre marché

- 340 g de chocolat praliné
- 50 g de farine
- 60 g de sucre en poudre
- 5 œufs
- 140 g de beurre

1 Préchauffez votre four à 180°C (Th.6).

2 Dans un saladier, faites fondre 2 minutes au micro-ondes à 500 W le chocolat cassé en morceaux et le beurre. Puis incorporez le sucre en poudre, les œufs et la farine.

3 Versez dans un moule à manqué et enfournez 20 minutes. Laissez tiédir quelques minutes avant de servir.

Tiramisu choco praliné

15 min de préparation — 10 portions

Votre marché

- 170 g de chocolat praliné
- 850 g de pêches au sirop en conserve
- 26 biscuits à la cuillère
- 1 cuillerée à soupe de mascarpone
- 1 cuillerée à café bombée de café en poudre
- 100 ml de crème fleurette bien froide
- 2 cuillerées à soupe de cacao en poudre

1 Dans un saladier, faites fondre le chocolat cassé en morceaux 2 minutes au micro-ondes à 500 W. Puis incorporez petit à petit le mascarpone et mélangez. Réservez.

2 Dans un autre saladier, diluez le café dans 200 ml d'eau tiède. Laissez tremper les biscuits dans le café dilué quelques minutes. Tapissez un moule à gratin de biscuits imbibés, puis disposez les pêches égouttées et coupées en petits dés.

3 Battez la crème en chantilly et ajoutez-la délicatement à la préparation au chocolat. Versez sur les pêches et surmontez d'une couche de biscuits imbibés de café.

4 Placez votre tiramisu 30 minutes au réfrigérateur. Puis saupoudrez de cacao avant de servir.

Crème au chocolat praliné

10 min de préparation | 20 min de cuisson | 4 portions

Votre marché

- 170 g de chocolat praliné
- 1 cuillerée à soupe de sucre en poudre
- 3 jaunes d'œufs
- 4 boules de crème glacée vanille
- 100 ml de lait
- 100 ml de crème liquide

1 Préchauffez votre four à 160°C (Th.5).

2 Dans un saladier, versez la crème fraîche et le lait sur le chocolat cassé en morceaux. Couvrez et faites chauffer 2 minutes au four à micro-ondes à 850 W. Mélangez.

3 Dans un autre saladier, battez les jaunes d'œufs et incorporez petit à petit la crème chocolatée.

4 Répartissez la préparation dans 4 plats à gratin individuels. Enfournez 14 minutes.

5 Sortez les crèmes du four, laissez-les tiédir et placez-les 1 heure au réfrigérateur.

6 Saupoudrez les crèmes de sucre en poudre et enfournez 5 à 6 minutes. Surmontez chaque crème au chocolat praliné d'une boule de glace vanille juste avant de servir.

Paris-Brest au chocolat praliné

20 min de préparation · 50 min de cuisson · 8 portions

Votre marché

- 340 g de chocolat praliné
- 160 g de farine
- 20 g de sucre en poudre
- 4 gros œufs
- 200 ml de crème fleurette bien froide
- 110 g de beurre
- une pincée de sel

1 Versez le chocolat fondu avec 30 g de beurre dans un saladier froid. Ajoutez la crème battue en chantilly et placez 1 heure au réfrigérateur.

2 Préchauffez votre four à 180°C (Th.6). Puis, dans une grande casserole, préparez la pâte à choux en portant à ébullition 250 ml d'eau, le sucre, les 80 g de beurre restant et la pincée de sel. Incorporez la farine et mélangez énergiquement. Laissez chauffer à feu doux jusqu'à ce que la pâte se détache du fond de la casserole et forme une boule.

3 Hors du feu, ajoutez un à un les œufs tout en continuant à mélanger. La pâte doit être lisse et homogène.

4 Sur une plaque de cuisson recouverte de papier sulfurisé, réalisez avec une poche à douille 2 cercles de pâte collés de 3 cm de large et d'environ 25 cm de diamètre. Disposez un troisième cercle de pâte par dessus.

5 Enfournez en milieu de four 50 minutes.
Puis éteignez le four et laissez les biscuits encore 10 minutes. Sortez-les du four et laissez-les refroidir. Ouvrez-les en deux et garnissez-les de crème pralinée avant de servir.

Chocolat café

Mille-feuilles de crêpes pommes-bananes

25 min de préparation 10 min de cuisson 4 portions

Votre marché

- 180 g de chocolat café
- 2 bananes
- 2 pommes
- 150 g de farine
- 2 gousses de vanille
- 2 œufs
- 150 ml de lait
- 50 ml de crème liquide
- 1 cuillerée à café d'huile de cuisson

1 Dans un saladier, préparez la pâte à crêpes en mélangeant les œufs, la farine et le lait. Laissez reposer 30 minutes. Puis faites cuire 12 petites crêpes dans une poêle à blinis légèrement huilée.

2 Grattez les gousses de vanille sur les bananes et les pommes épluchées et coupées en petits dés. Faites-les compoter 5 minutes dans une grande poêle à feu doux.

3 Montez les mille-feuilles en disposant sur chaque assiette une crêpe, une couche de fruits, puis une autre crêpe et à nouveau les fruits compotés. Terminez par une troisième crêpe. Réservez.

4 Dans une casserole, faites fondre le chocolat cassé en morceaux avec la crème. Ajoutez 2 cuillerées à soupe d'eau et arrosez les mille-feuilles de crêpes de sauce au chocolat chaude avant de servir.

Île flottante café et poires

10 min de préparation 15 min de cuisson 4 portions

Votre marché

- 180 g de chocolat café
- 2 poires
- 1 cuillerée à soupe de sucre en poudre
- 3 œufs
- 600 ml de lait
- 2 cuillerées à café de cardamome
- 20 g de fécule de maïs

1 Dans une casserole à feu doux, préparez la crème anglaise en mélangeant le lait et le chocolat cassé en morceaux. Dans un saladier, mélangez les jaunes d'œufs et la fécule. Arrosez ce mélange du chocolat fondu et replacez aussitôt l'ensemble dans la casserole. Laissez épaissir à feu doux et retirez du feu juste avant ébullition. Versez dans un saladier.

2 Dans une poêle, faites revenir les poires épluchées et coupées en petits dés avec 1 cuillerée à café de cardamome et le sucre en poudre.

3 Dans un saladier, battez les blancs d'œufs en neige avec le reste de cardamome. Versez-les dans un plat à gratin et faites cuire au four à micro-ondes 30 secondes à 900 W.

4 Répartissez la crème anglaise dans 4 ramequins individuels, disposez un cube de blanc d'œuf en neige et parsemez de dés de poire avant de servir.

Tartelettes sablées façon tiramisu

25 min de préparation — 15 min de cuisson — 8 portions

Votre marché

- 180 g de chocolat café
- 200 g de chocolat noir
- 300 g de farine
- 100 g de mascarpone
- 1 cuillerée à soupe de sucre en poudre
- 50 g de sucre glace
- 2 cuillerées à soupe de cacao en poudre
- 1 blanc d'œuf + 2 œufs entiers
- 100 ml de crème liquide
- 100 g de beurre
- 1 pincée de sel

1 Préchauffez votre four à 160°C (Th.5).

2 Dans un saladier, réalisez la pâte à tarte au chocolat en mélangeant le chocolat noir fondu, le sucre glace, 1 œuf entier, 1 jaune d'œuf, la farine, le beurre ramolli et le sel. Malaxez afin d'obtenir une boule de pâte homogène et élastique. Placez-la 30 minutes au réfrigérateur. Puis étalez-la dans 8 moules à tarte individuels recouverts de papier sulfurisé. Enfournez 12 minutes. Puis laissez les tartelettes refroidir hors du four et démoulez-les.

3 Dans un saladier, faites fondre le chocolat café avec la crème. Mélangez et laissez refroidir 30 minutes au réfrigérateur. Puis répartissez la préparation dans les tartelettes.

4 Mélangez le mascarpone, le sucre en poudre et les 2 blancs d'œufs restants battus en neige. Disposez un chou de crème au mascarpone sur chaque tartelette. Puis placez à nouveau au réfrigérateur 30 minutes. Saupoudrez de cacao en poudre avant de servir.

Amandier à l'abricot et glace café

15 min de préparation 15 min de cuisson 6 portions

Votre marché

- 180 g de chocolat café
- 4 abricots
- 40 g de poudre d'amandes
- 20 g de farine
- 30 g de sucre en poudre
- 3 œufs
- 100 ml de crème liquide
- 100 ml de lait
- 3 g de levure chimique
- 50 g de beurre

1 Mettez de côté 6 carrés de chocolat café. Puis, dans une casserole, faite fondre le reste du chocolat avec la crème et le lait. Versez la préparation dans un saladier et placez-le au congélateur au moins 2 heures afin que la glace prenne.

2 Pendant ce temps, préchauffez votre four à 200°C (Th.7). Dans un saladier, mélangez le beurre fondu, les jaunes d'œufs, la poudre d'amandes, le sucre, la farine et la levure. Incorporez délicatement les blancs d'œufs battus en neige.

3 Répartissez la préparation dans 6 moules à muffins et posez un carré de chocolat en l'enfonçant légèrement. Enfournez 12 minutes. Démoulez. Ouvrez les gâteaux en deux dans le sens de la largeur.

4 Disposez au milieu de chaque muffin des lamelles d'abricots lavés. Puis surmontez d'une boule de glace au chocolat café et reposez le chapeau des gâteaux avant de servir.

Tatin et chantilly chocolat café

15 min de préparation 30 min de cuisson 8 portions

Votre marché

- 180 g de chocolat café
- 5 pommes golden
- 12 biscuits spéculoos
- 6 cuillerées à soupe de sucre en poudre
- 150 ml de crème fleurette
- 1 pâte brisée
- 30 g de beurre

1 Préchauffez votre four à 220°C (Th. 7/8).

2 Dans un saladier, faites fondre le chocolat avec la crème 2 minutes au four à micro-ondes à 500 W. Battez la préparation au chocolat et placez-la dans un siphon. Réservez.

3 Dans une poêle, faites cuire le sucre avec un peu d'eau afin d'en faire un caramel. Puis versez-le dans un moule à manqué (ou dans 8 moules individuels). Disposez les pommes épluchées et coupées en quartiers, puis des noisettes de beurre. Ajoutez les spéculoos mixés et étalez la pâte brisée. Enfournez 30 minutes en bas de votre four.

4 Sortez la tarte tatin du four et surmontez-la de chantilly chocolat café. Décorez de copeaux de chocolat avant de servir.

Index

Ce livre a été imprimé avec l'autorisation de la
Société des Produits Nestlé SA, 1800 Vevey Suisse, titulaire
des marques « NESTLÉ, C'EST FORT EN CHOCOLAT »®
et « NESTLÉ DESSERT » ®

L'éditeur remercie NESTLÉ FRANCE pour sa collaboration.

Photographies : Pierre-Louis Viel
Stylisme : Valéry Drouet

sauf pages 36 (cœurs fondants tout chocolat)
et 48 (gâteau marbré au chocolat au lait)
photographies de Michael Roulier

Création graphique et montage :
Nicolas Galy pour www.noook.fr
Couverture : Nicolas Galy pour www.noook.fr

Édition : Joséphine Lacasse, Jo!

ISBN 978-2-01-238387-6
Dépôt légal : mai 2012
Imprimé en République Populaire de Chine
par Leo Paper Products.